MARVEL

CHERCHE et

pi kids

Les rues de New York sont pleines de travailleurs qui font marcher la ville. Mais quand le chaos éclate, Spider-man vient à la rescousse !
Pendant que Spidey et ses amis repoussent les méchants, retrouve les personnes suivantes :
Ce postier
Cet ouvrier de la voirie
Ce vendeur ambulant
Ce policier
Ce pompier
PARK
BIJOUX
BUS
STOP

INFOS
BOISSON
BROADWAY
SALON DU SAVON
BUS
DELI

Oh-oh ! Doc Ock tente de priver
toute la ville d'électricité pour
rendre les habitants vulnérables
et créer la panique.
Tandis que Spidey et Iron Man
combattent les méchants,
cherche dans la centrale les outils
pour réparer les dégâts :
Cette clé
Cette clé à cliquet
Cette pince
Ce tournevis
Ce marteau
Ce chalumeau

Une fois le courant rétabli, Iron Man et son équipe font appel à Spidey pour combattre Crâne Rouge et ses hommes de main. Pendant que Spidey montre l'exemple aux Avengers, garde l'œil ouvert sur les objets que Crâne Rouge pourrait utiliser contre nos héros :

Une flopée de cambrioleurs et de truands a envahi cet entrepôt sur le port. Seuls les puissants Avengers peuvent les stopper. Dans ce tumulte, repère nos héros et ces quelques mafieux qui leur donnent du fil à retordre :

ATTENTION
PRODUITS DANGEREUX
FRAGILE
FRAGILE

C'est l'été a Métro Plage ! Mais le Leader et l'Abomination ont décidé de gâcher les vacances.
Aide les Avengers à trouver ces personnes qui ont besoin d'un coup de main :

Spectres et revenants sont partis en vadrouille dans les allées du cimetière ! Pendant que les Avengers repoussent le mal, repère ces créatures répugnantes :

- Ce fantôme
- Ce vampire
- Ce zombie
- Cet autre fantôme
- Ce gobelin
- Cette main

RIP
ICI GIT
RIP
MARIO
1885
REPOSE EN PAIX
PIERRE TOMBALE
RIP
Priscilla Poisson Championne du monde d'apnée

Thanos sème la terreur dans le musée du Collectionneur sur la station spatiale Nulle-Part ! Identifie dans cette scène les fauteurs de trouble ainsi que les Gardiens de la Galaxie venus à la rescousse :
Groot
Thanos
Star-Lord
Drax
Rocket
Gamora

Xandar est attaquée !
Les Gardiens de la Galaxie débarquent pour sauver la planète et ses habitants des monstres de Ronan. Tandis que Star-Lord et ses compagnons affrontent l'armée extraterrestre de Ronan, repère ces vaisseaux spatiaux :

Retourne dans les rues grouillantes et chaotiques de New York et trouve les panneaux suivants :

Plonge dans les entrailles de la centrale électrique de New York et trouve ces 6 électriciens :

Pendant que Spider-Man affronte Crâne Rouge, garde l'œil ouvert sur les 6 insignes de l'Hydra.

Rentre au port et parcours l'entrepôt à la recherche des choses suivantes :

Cet homme

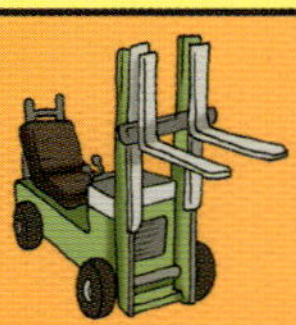
Ce chariot élévateur

Cette boîte

Ce crochet

Cette barge

Cette autre boîte

Renfile ton maillot de bain et trouve ces objets incontournables de l'été à la plage :

De retour au cimetière, trouve ces drôles d'inscriptions sur les stèles :

IAN NAPLU N'EST PLUS

PIERRE TOMBALE

HAMLET BONNE NUIT DOUX PRINCE

EDGARD CIGARE, PARTI EN FUMEE

Priscilla Poisson Championne du monde d' apnée

FRANCOISE FRAMBOISE La confiture est sournoise

Envole-toi pour Xandar et trouve dans cette épique bataille les extraterrestres à la solde de Ronan :

Dans le Musée du Collectionneur, trouve Cosmo et les pièces de collection suivantes qui pourraient permettre aux Gardiens de battre Thanos :